PROGRÈS DE LA MÉTHODE

POUR

LA CURE EFFICACE

DES

EMBARRAS DE LA PAROLE,

DÉCOUVERTE PAR

JOHN BROSTER,

MEMBRE DE L'ACADÉMIE DES SCIENCES D'ÉDIMBOURG.

Troisième année.

MDCCCXXVI.

M. BROSTER avait résolu, dès le principe de sa pratique, de ne contribuer personnellement en aucune manière à exalter le mérite de sa méthode ; il persiste toujours dans la même résolution. Il veut que sa réputation ne se fonde que sur des preuves réelles, savoir, les cures qu'il a opérées à l'aide de cette méthode, et les témoignages que ses élèves rendent en sa faveur. Quelque nombreuses que soient les personnes qui ont fait l'expérience de son mode d'instruction, il croit pouvoir affirmer que leur opinion est unanime sur l'efficacité et la permanence d'effet des moyens qu'il a découverts. Il ne saurait terminer cette courte préface sans exprimer ses sentiments de gratitude pour l'empressement volontaire avec lequel, dans toutes les occasions, elles se sont plues à rendre la justice qui leur semblait due à une découverte aussi importante.

Les extraits qu'on va lire des ouvrages périodiques du jour présentent la démonstration la plus complète et la plus satisfaisante du mérite réel de la méthode inventée par M. Broster. Leur lecture doit convaincre les plus sceptiques, au point de rendre inutiles toute enquête et toute explication ultérieures. Deux des articles dont il s'agit ont été écrits par des élèves qu'il a formés, et le troisième est dû à la plume d'un homme que son instruction et ses talents placent au premier rang des savants de la Grande-Bretagne. Il serait impossible de présenter et inutile de demander des preuves plus incontestables, puisque celles que l'on offre viennent de personnes qui ont éprouvé par elles-mêmes l'efficacité de la méthode de M. Broster, ou qui, après une exacte et minutieuse investigation, ont déclaré en être pleinement convaincues.

Les autres témoignages qu'on trouvera à la suite de ceux-ci ont été écrits par des élèves de M. Broster, beaucoup d'entre lesquels sont des membres distingués des universités d'Angleterre, d'Écosse et d'Irlande.

PROGRÈS,

etc. etc. etc.

EXTRAITS D'OUVRAGES PÉRIODIQUES ANGLAIS,
POUR L'ANNÉE 1825.

N°. I.

NOTICE SUR LA MÉTHODE RÉCEMMENT DÉCOUVERTE PAR M. BROSTER,
POUR LA CURE DES EMBARRAS DE LA PAROLE.

(*Extraite du* Magazine de Blackwood *, janv*. 1825.)

Parmi les nombreuses infirmités auxquelles notre pauvre espèce humaine est sujette, il en est peu d'aussi affligeantes qu'une élocution défectueuse *, soit qu'elle se présente sous sa forme la plus bénigne, celle d'une simple hésitation en parlant, ou dans le degré plus marqué d'un bégaiement continuel, ou enfin portée à son dernier période, c'est-à-dire accompagnée de contorsions des muscles du visage.

Toute personne qui a beaucoup fréquenté la société aura certainement eu sous les yeux des exemples de toutes ces variétés d'articulation imparfaite; mais à moins qu'elle ne les ait observées dans le cercle étroit de ses amis ou dans celui plus resserré encore de sa famille, elle n'a peut-être jamais songé aux souffrances qu'endurent les victimes de cette cruelle infirmité, ni aux sensations douloureuses qu'elle excite dans le cœur de tous ceux qui s'intéressent à ces êtres malheureux. Pour un jeune homme qui possède de grands talents, un esprit vif et une instruction étendue, et qui semblait destiné à faire l'ornement des réunions où il était appelé à figurer, se voir frappé d'un pareil fléau est peut-être la plus grande infortune que la Providence pouvait lui faire éprouver. Avec la conscience de facultés qu'il ne peut exercer sans devenir un objet de ridicule, ou sans causer de la peine à ceux qui l'entendent, il se résigne au silence; et, pour les plaisirs qui dérivent des relations sociales, il se

---

* Le mot *élocution* est employé ici dans son acception la plus simple d'émission de paroles, et non dans le sens qu'on lui donne comme partie de l'art oratoire.

trouve au niveau de ceux qui sont tout-à-fait privés de la parole. Pour celui qui était destiné à une carrière publique, et devait paraître au barreau, dans la chaire ou au sénat, le malheur d'une élocution défectueuse est encore plus terrible. Toutes les espérances de succès dans une profession qui exige de l'éloquence s'éteignent tout d'un coup, et l'infortuné devient un fardeau pour sa famille et pour lui-même, ou doit embrasser un nouvel état auquel ses talents et son éducation ne sont peut-être pas conformes. Lorsqu'une articulation imparfaite dépare la voix d'une femme, ses effets sont encore plus affligeants. Sous sa forme la moins marquée, tous les charmes de la jeunesse et de la beauté disparaissent, toutes les perfections, quelque brillantes qu'elles soient, s'obscurcissent, et tous les rêves de l'ambition féminine s'évanouissent pour jamais.

Tout le monde convient que la maladie dont nous venons de parler s'est montrée jusqu'ici au-dessus du pouvoir de la médecine, et ceux qui se sont appliqués à la guérir ont été généralement des maîtres d'éloquence qui ont considéré les défauts de la voix comme tombant dans le domaine de leur profession. Sans déprécier le moins du monde les efforts de ces respectables instituteurs, on nous permettra de dire qu'il n'a été découvert aucune méthode curative bien décidée, et que les causes d'une élocution défectueuse ont été aussi peu comprises qu'elles ont été peu étudiées.

Dans cet état d'imperfection de nos connaissances sur un sujet de la plus haute importance pour la société, nous fûmes très-surpris d'entendre dire que M. John Broster, de Chester, avait découvert une méthode pour faire disparaître les embarras de la parole, et corriger les défauts d'articulation. Nous nous montrâmes disposés, ainsi que beaucoup d'autres, à ranger cette découverte parmi les prétentions absurdes à l'aide desquelles on cherche si souvent à abuser le public ; et M. Broster semble avoir tellement senti combien cette opinion était répandue, qu'il paraît s'être refusé à se faire connaître à Édimbourg d'aucune autre manière que par les cures qu'il opérait. Plusieurs cas d'une nature très-remarquable ne tardèrent pas à montrer le succès de sa méthode.

Une personne d'un rang distingué, et dont l'articulation défectueuse était généralement connue dans la société qu'elle fréquentait constamment, se trouva guérie d'une manière si complète qu'elle excita l'étonnement de tout le monde. La célébrité que M. Broster acquit par cette cure lui amena un grand nombre d'élèves dont plusieurs même vinrent de Londres pour recevoir le bienfait de ses instructions ; et lë succès qu'il obtint en traitant leur infirmité surpassa de beaucoup les plus ardentes espérances des sujets eux-mêmes. Des personnes qui avaient presque entièrement perdu la faculté de prononcer certains mots furent délivrées de tout embarras de la parole. D'autres qui ne pouvaient articuler sans contorsions du visage, ou autres mouvements nerveux, devinrent habiles à parler avec aisance et volubilité. Enfin un jeune homme de la classe aisée, qui ne s'était, pour ainsi dire, jamais hasardé à proférer une parole en compagnie, se trouva en état de prononcer un discours en forme devant une nombreuse société que son père avait rassemblée pour célébrer cette cure presque miraculeuse.

On a toujours pensé que pour se délivrer des embarras de la parole, il fallait du temps et de laborieux efforts ; et les personnes qui prétendaient avoir le plus approfondi ce sujet exigeaient de leurs élèves une pratique assidue et constante de leurs moyens curatifs pendant des mois, et même des années. La méthode de M. Broster est d'une nature tout-à-fait différente: Quelques-unes de ses cures les plus remarquables ont été opérées après une seule leçon, et, en général, un petit nombre de jours forment tout le temps qu'il demande pour guérir un sujet. Cette promptitude est un des plus précieux avantages de sa méthode. L'espoir d'une prompte guérison encourage l'élève à apporter toute son attention à la méthode, et met les personnes peu favorisées de la fortune, et celles qui ne sauraient abandonner long-temps l'exercice de leur profession, à même de profiter d'une découverte qui, sans cela, n'aurait été d'aucune utilité pour elles.

Jusqu'ici nous avons considéré cette nouvelle méthode comme uniquement applicable aux embarras ordinaires de la parole ; mais nous savons qu'elle peut embrasser un champ beaucoup plus vaste. M. Broster l'a appliquée aux cas de faiblesse d'organe. Il a, pour ainsi dire, donné le pouvoir de la parole à des personnes que l'on supposait attaquées d'une maladie corporelle, et il a rendu capable de lire haut devant une nombreuse assemblée un vénérable philosophe * qu'une affection paralytique avait presque privé de la faculté de parler.

Dans le cours de nos recherches concernant les succès de la méthode de M. Broster, nous avons eu occasion de lire plusieurs des lettres qui lui ont été adressées par des personnes qu'il avait guéries, et par les parents de ceux de ses élèves qui ne pouvaient eux-mêmes

* M. Dugald Stewart, professeur à Édimbourg.

lui exprimer leur reconnaissance. Le respect et l'affection qui respirent dans ces lettres montrent à la fois et le prix que l'on attache à la cure , et la douceur des moyens à l'aide desquels on l'a opérée. L'humanité de M. Broster envers les pauvres et les personnes à qui leur position ne permet pas de reconnaître ses soins par la libéralité de leurs dons mérite particulièrement d'être remarquée. Nous connaissons des cas où il a refusé toute espèce d'indemnité pour ses peines , et nous sommes assurés que toutes les fois qu'il y aura lieu , sa générosité et son désintéressement se montreront d'une manière frappante. Nous apprenons qu'à la demande de ses élèves , un des principaux libraires d'Édimbourg a fait graver son portrait d'après une belle peinture de Syme.

Ne connaissant pas la nature des moyens qu'emploie M. Broster, nous ne pouvons émettre aucune opinion sur sa méthode , considérée sous le point de vue scientifique.

Cette importante découverte a jusqu'à présent peu excité la curiosité générale. L'intérêt qu'elle a inspiré a été presque local et borné aux parents et amis des personnes qui en ont éprouvé les bienfaits ; mais comme , à mesure que le nombre des élèves de M. Broster augmente, les cures remarquables qu'il opère deviennent plus communes, sa méthode ne saurait manquer d'attirer bientôt toute l'attention qu'elle mérite ; et si ses succès continuent d'être aussi grands qu'ils l'ont été jusqu'à ce moment, nous ne doutons pas que la législature elle-même ne range M. Broster parmi ces bienfaiteurs de l'humanité dont les importants services méritent une récompense publique.

N°. II.

(Extrait du Journal de Dumfries.)

Découverte importante.—Nous avons appris depuis peu, et nous tenons la chose de très-bonne source , qu'il existe actuellement à Édimbourg un homme très-respectable qui a trouvé des moyens pour guérir complétement une infirmité dont quantité de personnes sont plus ou moins affligées, nous voulons dire le bégaiement ou bredouillement , si pénible non seulement pour celui qui parle, mais encore pour ceux qui l'écoutent. Entre autres exemples des cures qui ont été opérées à l'aide de ces moyens , nous sommes autorisés à citer les deux suivants qui sont d'une date très-récente. Un personnage du rang le plus élevé en Écosse, et qui depuis son enfance était affligé de cette malheureuse infirmité, ayant entendu parler de l'homme en question, s'adressa à lui. Au bout d'un très-court espace de temps, celui-ci opéra la cure qu'il avait promise, et depuis lors (il y a maintenant quelques mois) le noble personnage parle sans le moindre obstacle. Le second cas est celui d'un jeune homme appartenant à l'une des familles les plus respectables de l'Angleterre, et associé d'une grande maison de banque de Londres. Depuis son enfance il souffrait également d'un embarras de langue tel qu'il avait la plus grande difficulté à s'exprimer. Ayant été informé des cures opérées à Édimbourg, il s'y rendit en novembre dernier. A son arrivée, on le présenta à celui qui devait se charger de le guérir. Cette rencontre fut ménagée par un de ses amis qui, à cette occasion, donna un grand dîner. Tous les convives furent d'avis que son infirmité était incurable. Deux jours après, le jeune homme et son instituteur eurent une entrevue, et au bout de quelques heures l'ami du premier reçut un billet dans lequel il lui annonçait qu'il était complétement guéri. Un habitant de notre ville qui avait vu le jeune homme de Londres avant sa cure, et qui avait témoigné l'opinion qu'il était impossible de le guérir, nous a assuré avoir passé une heure avec lui, et n'avoir pas aperçu le moindre défaut ni la moindre gêne dans sa prononciation. Les faits que nous venons de rapporter étant de toute authenticité, nous croyons devoir ajouter que la personne qui a fait une découverte aussi importante et qui opère de pareilles cures, non seulement mérite d'être récompensée libéralement de ses peines, mais encore a des droits à la reconnaissance publique.

N°. III.

NOTE SUR LA MÉTHODE DE M. BROSTER, POUR LA CURE DES EMBARRAS DE LA PAROLE, ADRESSÉE PAR UN DE SES ÉLÈVES A L'ÉDITEUR DU *Magazine* DE LONDRES. (*Cahier d'août* 1825.)

St. James, le 13 juin 1825.

M. L'ÉDITEUR, un de mes amis m'ayant engagé, il y a quelques semaines, à donner dans une lettre mon opinion sur le mérite de la découverte due à M. Broster, j'ai pensé qu'il pourrait être avantageux à la société en général de publier une esquisse de la méthode que cet homme habile a inventée. Si vous partagez mon avis à cet égard, j'espère que vous voudrez bien m'accorder une place dans votre estimable recueil. Je regarde comme un devoir envers le public, et particulièrement envers M. Broster, de tracer cette esquisse.

Comptant sur votre philanthropie, je prends la liberté de vous
adresser la note suivante :

La méthode de M. Broster pour la cure des embarras de la parole
peut certainement être nommée la grande découverte du jour, du
moins si l'on doit l'apprécier d'après la sensation qu'elle a causée.
En lui accordant toute l'efficacité qu'on lui suppose, elle ne le cède,
dans ce siècle, qu'à la découverte de Jenner, et l'on peut les com-
parer l'une à l'autre, puisque toutes deux ont pour résultat la cure
d'infirmités patentes. Bien plus, elle paraîtra d'une importance
supérieure aux personnes qui pensent que la privation de la parole
est encore plus déplorable que celle de la vue ou toute autre des
infirmités que produit souvent la petite-vérole. Toutefois je crois que
le mérite de la méthode de M. Broster n'est pas assez généralement
senti, et que ses droits à la faveur publique devraient être mieux
appréciés. Je vais tâcher de faire connaître l'un, persuadé que c'est
le seul moyen d'attirer l'autre. Personne ne saurait le faire, si ce
n'est un élève de M. Broster. Il en est seul capable, s'il a de la
bonne foi et du talent. Je crois vous avoir donné sur ma véracité
des renseignements suffisants pour vous satisfaire, et satisfaire le
public par votre intermédiaire. Quant à mon habileté, vous devrez,
ainsi que le public, vous contenter d'une plus faible garantie. Ce
préambule était nécessaire; maintenant venons au fait.

Autant que les informations que j'ai prises concernant d'autres
méthodes peuvent me permettre d'en juger, et d'après ce que je
connais de celle-ci par expérience, je la regarde comme la meilleure
qu'on eût jamais pu imaginer pour atteindre le but proposé. Toutefois elle n'opère pas des miracles. Elle est généralement efficace,
mais elle n'est pas toujours parfaite. Elle est puissante, mais non
pas toute-puissante. En un mot c'est un remède excellent, mais non
infaillible. Je suis moi-même une preuve vivante de ce que j'affirme.
La méthode de M. Broster n'est pas toujours parfaite, elle n'est
ni toute-puissante ni infaillible ; car, je le répète, moi qui en ai fait
l'essai, je ne suis point encore guéri. Elle est généralement efficace
et puissante, et offre la probabilité d'une cure complète, ou tout au
moins partielle, car tous ceux qui à ma connaissance l'ont éprouvée
se sont trouvés plus ou moins soulagés. Plusieurs ont été entièrement guéris, d'autres en partie seulement. Voici le résultat de l'em-
ploi de cette méthode dans douze cas que j'ai eu l'occasion d'observer
pendant que j'étais chez M. Broster. Sur ces douze personnes (moi
compris), il y en a trois qui sont aujourd'hui aussi éloquentes que

les plus éloquents de leurs amis, et trois dont la langue est à peu près aussi liée que pourraient le souhaiter leurs ennemis. Les six autres, au nombre desquelles je suis, ont été partiellement ou considérablement soulagées. Il est juste d'ajouter que ceux qui ne sont pas du tout guéris le seraient partiellement, et ceux qui le sont en partie le seraient presque entièrement, s'ils eussent continué à mettre en pratique la méthode de M. Broster, comme ils le pouvaient et le devaient. Mais dans quelques cas il est difficile, et dans d'autres désagréable de la pratiquer. C'est cela seul qui l'empêche d'être infaillible. Je ne puis m'expliquer que par une supposition. Supposons que tout le secret de la méthode consiste à se tenir les bras étendus à angle droit avec le corps, pendant tout le temps qu'on parle, et que dans ce cas l'effet soit infaillible, sera-t-on fondé à dire qu'il l'est? Certainement non; car personne ne pourrait se tenir longtemps dans l'attitude exigée, et même ne le voudrait : de sorte que si la méthode est infaillible en théorie, elle ne l'est point dans la pratique. Supposons un autre cas : supposons, par exemple, que pour pouvoir parler avec facilité, il faille, toutes les fois qu'on parle, exécuter certain acte qui exige de l'attention de la part de l'esprit, et que l'élève, par l'effet de l'impétuosité naturelle, de l'irrésolution ou de l'insouciance de son caractère, ne puisse conserver cette attention d'esprit qui est indispensable au succès de la méthode; pourra-t-on, dans ce cas, la considérer comme infaillible? Assurément non ; car si, étant mise en pratique, elle est capable de triompher de la partie visible de l'infirmité de l'élève, elle sera sans puissance sur la partie invisible, savoir, l'imperfection du caractère de l'élève ; elle n'assurera pas l'exécution de l'acte nécessaire, et par conséquent elle ne guérira pas le sujet; elle n'est donc pas infaillible. Cela posé, il y a dans la méthode de M. Broster quelque chose, je ne dirai pas de quelle nature, qui, dans certains cas, est nécessaire à son succès, et qui, dans ces cas, n'est pas toujours praticable par l'élève, quoique, lorsqu'il le pratique, cela remédie à son infirmité. J'ai été obligé de m'étendre comme je viens de le faire, parce que, quelque grande que soit mon admiration pour la méthode en question, je ne la regarde pas comme infaillible, et que je crois de mon devoir de le déclarer au public. Il sera peut-être utile à tout le monde que la non-infaillibilité de la méthode soit généralement et clairement admise ; cela préviendra les espérances exagérées et les désappointements, et en même temps dégagera la découverte de M. Broster de cet air d'imposture et de charlatanisme qui accompagne toujours l'annonce d'une recette infaillible ou d'un remède miraculeux.

Le point le plus important de la méthode , après son efficacité, est la permanence de ses effets. A cet égard, je pense qu'il n'y aurait qu'un sot achevé qui pourrait oublier la méthode, et le plus tôt qu'il l'oubliera sera le mieux. La sottise coule déjà dans le monde avec assez d'abondance pour qu'on ne lui ouvre pas de nouvelles fontaines. Sans autre faculté que la mémoire, et même n'en possédant qu'une faible quantité, on doit se souvenir de la méthode, et ses bons effets durent aussi long-temps qu'on la pratique. Il n'y a rien de plus à dire sur ce chapitre.

Les effets de la méthode ne sont pas seulement permanents, ils sont encore progressifs. Je suis heureusement à même de certifier qu'ils ne sont pas simplement proportionnels au temps qu'on l'a pratiquée, mais dans un rapport beaucoup plus grand. Si dans une semaine vous obtenez un résultat quelconque, dans deux vous en obtiendrez un quatre fois plus considérable, dans trois douze fois, et ainsi de suite. D'un autre côté, ce que la méthode a de difficile et de désagréable diminue continuellement ainsi que la nécessité de la pratiquer *. Ma propre expérience est la meilleure preuve que j'en puisse offrir ; car pendant la première quinzaine qui suivit mon retour de chez M. Broster, je ne me trouvai guère mieux qu'auparavant; la quinzaine d'après celle-ci je fus un tout autre homme, et maintenant je parle souvent sans presque aucune difficulté, et rarement j'en éprouve beaucoup. Ma constitution est naturellement opposée à la méthode, et si je pouvais toujours la suivre en parlant, je parlerais toujours bien. Malgré cette circonstance défavorable, j'ai la pleine confiance que ce que sa pratique offre de difficile et de désagréable pour moi finira par cesser de l'être, et que je pourrai finalement parler avec autant de facilité que je griffonne ; ce qui sera peut-être plus que suffisant pour satisfaire mes auditeurs, mais qui suffira du moins pour ma propre satisfaction.

Le dernier point important de la méthode est la difficulté d'en apprendre le secret, et le temps et le travail nécessaires pour devenir en état de la pratiquer. Afin d'empêcher que l'on ne se casse la tête pour rien en cherchant le secret; je dirai qu'il n'est pas unique, mais multiplié, qu'il ne tient nullement de la magie, et que la na-

---

* Comme de raison , il arrive d'avancer et de reculer ; mais quand on recule , cela est toujours dû à la négligence ou à des causes accidentelles qui empêchent de pratiquer la méthode, et l'on peut dire que l'amélioration dans le jeu des organes de la parole est constamment progressive.

ture seule l'a enseigné. C'est par une étude longue et attentive de ses admirables secrets, c'est-à-dire à force de patience et de sagacité, qu'on est parvenu à découvrir cette méthode; et puisqu'elle est fondée uniquement sur la connaissance des opérations de la nature, jusqu'à ce qu'un autre les ait étudiées aussi long-temps et avec autant d'aptitude et de sagacité, il est probable que personne ne fera la même découverte. Je dis que le secret est multiplié : la vérité est qu'il se compose de beaucoup de secrets dont les effets sont tous différents, et plusieurs même opposés entre eux. Il s'ensuit que, selon la différence des cas, on emploie des moyens différents et quelquefois contraires. Bien plus, il arrive que des moyens d'effets directement opposés sont appliqués au même cas, mais à des époques différentes du traitement. La simplicité et en même temps la complication de la méthode ne sont pas ses caractères les moins remarquables. Aisée à comprendre dans ses parties, elle est difficile à saisir dans son ensemble. Quand tous ses secrets seraient publiés, connus et compris, on ne pourrait guère en faire usage. Le grand secret est de savoir quand, comment et à qui il convient de les appliquer. La connaissance intime que j'ai d'une des parties de la méthode de M. Broster, et les notions générales que je possède sur toutes ne me permettraient peut-être pas de guérir un perroquet qui aurait un embarras de la parole, à moins qu'il ne parlât précisément comme je faisais. Cependant, quelque compliquée que soit la méthode dans son ensemble, aucun élève ne saurait avoir difficulté à comprendre la partie qu'il doit pratiquer, pourvu qu'il soit en état de comprendre ses prières. Relativement au temps et au travail nécessaires pour parvenir à pratiquer la méthode, je dirai que pour quelques personnes c'est l'ouvrage d'un moment; et pour quiconque a de la bonne volonté, il suffit d'un petit nombre de jours.

On pourrait réduire ce qui concerne cet objet à la question suivante : Combien doit-on mettre de temps à acquérir dans la méthode une instruction suffisante pour rendre ses effets permanents? Je répondrai, comme de raison, que la difficulté d'acquérir la pratique et d'y persévérer dépendra des dispositions de l'élève et de la nature de son cas. Quelques-uns n'en éprouvent aucune au bout d'un moment, d'une heure, d'un jour, ou d'une semaine. J'en éprouve encore considérablement, et d'autres pourront en éprouver toute leur vie; mais le temps nécessaire pour acquérir une instruction suffisante est généralement de moins de deux mois, et je crois communément d'un mois environ. Il en était ainsi du moins pendant le séjour que j'ai fait chez M. Broster. Quelques personnes ont trouvé qu'une semaine suffisait , et d'autres ont eu assez d'un jour.

Je ne sache pas avoir rien à ajouter à l'esquisse que je viens de tracer, si ce n'est que je n'ai jamais entendu dire qu'aucune des personnes qui ont essayé la méthode en question, qu'elles soient guéries ou non, aient regretté la dépense qu'elles ont faite pour cela. Quant à moi, d'après la connaissance que j'ai de la méthode, s'il fallait l'essayer encore, je le ferais.

Je suis , etc.

G. D.

Depuis que j'ai écrit ce qui précède , une persévérance assidue dans la pratique de la méthode de M. Broster me met dans le cas de répéter combien je suis convaincu de son efficacité, conviction fondée sur une nouvelle expérience , et une amélioration nouvelle dans ma manière de parler. La difficulté dont je me plaignais a presque entièrement disparu , et je ne me souviens que par moments de la malheureuse infirmité dont j'étais affligé.　　　　G. D.

19 décembre 1825.

(*Extrait du* Magazine *de Blackwood, décembre* 1825.)

L'auteur de cet article, avant de devenir l'élève de M. Broster , s'était confié aux soins de plusieurs individus qui prétendaient guérir les embarras de la parole. Tous échouèrent dans leurs tentatives, parce qu'ils ignoraient d'où provenait l'infirmité dont ils voulaient le délivrer. Plus habile qu'eux, M. Broster découvre, avec une sagacité presque intuitive, la cause particulière du défaut de son élève, et l'on conviendra que c'est un grand pas de fait et une chose nécessaire pour arriver à le guérir. Je vais maintenant m'exprimer à la première personne. Lorsque je commençai à prendre connaissance de la méthode de M. Broster, je tombai dans une grande erreur. Je la confondis avec un simple procédé oratoire ; mais le fait est que, quelque simple qu'elle paraisse dans son principe, si on la pratique avec exactitude et persévérance , elle devient toute-puissante. Elle ne doit rien à l'art oratoire; au contraire, tout bon orateur doit posséder la méthode de M. Broster, et la pratiquer, soit à son insu, lorsqu'elle lui a été enseignée par la nature, soit sciemment, lorsqu'il l'a apprise de M. Broster. Les personnes qui disent qu'elles ont les poumons faibles, qu'elles ne peuvent se faire entendre dans une vaste enceinte, comme celle d'une église ou d'une cour de justice, se trouveront en état, après avoir reçu les soins de M. Broster, de parler à haute voix pendant plusieurs heures de suite sans éprouver une fatigue extraordinaire. J'ai été informé que M. Broster a déjà instruit plusieurs ecclésiastiques avec un grand succès *, et j'espère bientôt apprendre qu'il se fait fort de mettre les personnes destinées à la chaire ou au barreau en état de parler pendant long-temps avec force, et de manière à produire de l'impression, sans employer comparativement beaucoup d'efforts. Je ne fais ici que présenter quelques remarques sur la méthode de M. Broster. Pour plus de détails, je renvoie le lecteur au *Magazine* de Blackwood, cahier de janvier 1825, et au *Magazine* de Londres, août même année, n° 8, art. 5. J'ajouterai seulement que la méthode de M. Broster améliore souvent d'une manière extraordinaire la santé de ceux qui la pratiquent. Dans beaucoup de cas, la personne affligée d'un embarras de la parole altère continuellement sa constitution en mettant en jeu pour la production du son d'autres organes que ceux destinés à cet objet, organes qui, ayant leurs fonctions spéciales à remplir, éprouvent une altération grave par ce surcroît d'action. M. Broster, en amenant les organes de la parole à remplir leurs fonctions, soulage les autres parties de la machine qui ont été fatiguées et altérées par des efforts surnaturels, et arrête les progrès d'un mal qui était pour l'élève comme un chancre rongeur qui détruisait peu à peu son existence.

Voici mon dernier mot sur la méthode de M. Broster. Je soutiens que tous ceux qui sont affligés d'un embarras considérable de la parole, accompagné de contorsions du visage, seront immédiate-

* « J'ai certainement obtenu et je continue encore d'obtenir les avantages les plus essentiels des instructions de M. Broster, et à cet égard je lui dois beaucoup de reconnaissance. Je suis d'une très-mauvaise constitution, et pendant plusieurs années j'ai été sujet à une grande douleur dans la poitrine. Je n'ai jamais craché le sang; mais je ne doute pas que, quelle que puisse être l'affection de poitrine dont on soit attaqué, et que même lorsqu'il n'existe pas d'affection de ce genre, mais seulement une faiblesse générale du système des organes de la respiration, les instructions de M. Broster ne puissent être grandement utiles; car leur but (et ce but semble presque toujours susceptible d'être atteint) est de rendre la voix plus forte, et en même temps de diminuer considérablement les efforts nécessaires pour parler haut et long-temps. L'église dans laquelle j'officie peut contenir seize cents personnes, et par conséquent il faut de grands efforts pour s'y faire entendre. J'étais ordinairement si fatigué et si mal à mon aise, après le jour d'office, que je ne pouvais presque rien manger. J'éprouvais une douleur si vive à la poitrine, qu'il m'était impossible de fermer l'œil de toute la nuit, et j'avais l'esprit tracassé par l'idée bien réelle, comme je l'ai su depuis, que je ne parvenais pas à me faire entendre. Aujourd'hui l'on m'entend fort bien, et je remplis mes fonctions avec plaisir et sans beaucoup de fatigue. Août 1824. » H. M.

M. Broster a obtenu la permission de citer plusieurs autres personnes qui se trouvaient dans le même cas et qu'il a guéries.

ment soulagés par elle ; ceux qui sont doués de quelque persévérance en recueilleront de grands avantages ; et ceux qui pourront lutter vigoureusement contre de vieilles habitudes, et en adopter de nouvelles , se trouveront parfaitement guéris. Lecteur , si vous avez un parent ou un ami qui languisse victime d'un embarras de la parole, qui évite la société et qui craigne même d'entendre le són de sa propre voix, et si vous vous intéressez vivement à son bien-être , recommandez-lui d'essayer l'efficacité de la méthode de M. Broster.

E. D.

Cambridge , 16 octobre 1825.

EXTRAITS de Lettres et de Certificats constatant l'efficacité de la méthode de M. Broster ★.

1824.

PREMIÈRE ANNÉE DE L'INSTITUTION.

N°. I.

Kircaldy , le 10 juillet 1824.

Monsieur , j'ai reçu votre lettre en date d'hier par le jeune homme qui vient de demeurer huit jours sous votre direction. J'ai vu avec une grande satisfaction la cure que vous avez opérée d'un embarras considérable de la parole dont il était affligé. Les contorsions du visage et autres mouvements nerveux qui accompagnaient souvent ses efforts , lorsqu'il voulait articuler quelques paroles , étaient très-pénibles pour lui , et presque autant pour les personnes présentes. Il est revenu plein de gratitude envers vous , et parle de la manière la plus flatteuse des attentions et de la politesse avec lesquelles il a été reçu par le docteur Abercrombie et M. Blackwood , près de qui vous l'aviez envoyé pour prendre préalablement des informations. Il est persuadé que sa guérison est complète, et qu'il n'a point de rechute à craindre , et il pense qu'il aurait la plus grande difficulté à parler comme il le faisait autrefois , s'il essayait de le faire. Il dit que si jamais son infirmité revenait, grâce à vos instructions, il ne serait pas embarrassé pour y porter remède.

Pour mon compte, je vous dirai que je suis enchanté d'avoir pris

---

★ Des motifs de délicatesse ont empêché de citer les noms et adresses de plusieurs des personnes qui ont écrit les lettres et certificats en question , et qui sont pour la plupart des élèves de M. Broster ; mais toutes l'ont autorisé à publier ces extraits.

intérêt à la chose, et je me flatte que vous excuserez la réserve dont
j'ai fait usage dans la première partie de notre correspondance,
dans la vue de me tenir en garde contre la charlatanerie. Aujour-
d'hui j'ai le plus grand plaisir à rendre témoignage de l'excellence
de votre méthode, et à déclarer que je crois qu'elle est basée sur la
raison et une pratique judicieuse, et que la magie n'y a aucune
part, bien qu'elle puisse y ressembler par ses effets. Puissiez-vous
vivre long-temps pour soulager ceux qui réclameront votre assis-
tance, et jouir d'une réputation bien méritée, ainsi que des avantages plus substantiels que ce monde peut offrir! Tels sont les vœux
bien sincères d'un homme qui sera toujours heureux qu'on invoque
son témoignage, et qui se dit avec estime,

Votre, etc.

James Aytoun.

P. S. Vous pouvez faire de cette lettre tel usage qu'il vous plaira.

N°. II.

J'ai promis de vous donner de mes nouvelles aussitôt après mon
arrivée à la maison. Samedi mon père donna une espèce de petite
fête, ou pour mieux dire un dîner en votre honneur, et pour mar-
quer sa joie de me voir la langue déliée. Après le repas, une personne se leva, rappela en quelques mots le motif de la réunion et
porta ma santé; je me levai à mon tour, et je prononçai le petit discours suivant dans mon langage brostérien:

« Messieurs, je me lève, ainsi qu'il est d'usage en pareille occasion, pour vous offrir mes remercîments de la manière avec laquelle
vous avez accueilli le toast qui vient d'être porté, et, quelque banale
que soit l'expression *reconnaissant de l'honneur,* etc., croyez que
je me rappellerai toujours avec une profonde sensibilité l'occasion
qui nous a réunis et le rôle un peu nouveau que je suis appelé à
remplir, et que je les compterai parmi les circonstances les plus heu-
reuses de ma vie. Je donne, mes amis, le nom de nouveau au rôle
que j'ai à remplir, parce que si, il y a quelques mois, je me fusse
trouvé dans le cas où je me trouve aujourd'hui, j'aurais été obligé
de demeurer devant vous le véritable emblème du silence, et tout
ce que j'aurais pu désirer, c'eût été de vous voir supposer que la
force de ma reconnaissance avait complétement enchaîné chez moi
les organes de la parole. Heureusement je suis sauvé de ce triste
embarras. Permettez-moi de vous assurer que je ne pouvais faire

2

un plus agréable usage du don qui m'a été accordé que pour remercier les amis qui m'entourent de l'intérêt qu'ils ont pris à moi,
et les prier de joindre leurs actions de grâces aux miennes, et de les
offrir à l'homme habile et bienfaisant qui m'a rendu la parole. Je
n'en dirai pas davantage. Il est bien connu qu'on peut abuser même
des meilleures choses, et de peur que vous ne pensiez que, sem-
blable à l'enfant qui agite son hochet, je suis disposé à faire trop
de bruit, je terminerai en proposant pour toast : L'ami qui me sera
toujours cher, et que je n'oublierai jamais, le respectable M. Broster.»

ALEX. BOSWELL.

Leven, Fifeshire.

N°. III.

Arbroath en Écosse, le 31 juillet.

Tous mes amis et toutes mes connaissances furent extrêmement
étonnés de m'entendre parler si différemment de ce que je faisais,
très-peu d'entre eux ayant eu connaissance de mon voyage à Édimbourg. Je ne suis plus sujet à m'arrêter, et je ne bronche pas le
moins du monde en parlant; je parle même avec la plus grande aisance. Mon père et ma mère en particulier sont charmés du résultat
de mon voyage. Ils joignent leurs sincères remerciements aux
miens. Je n'oublierai jamais vos soins. Je ne pourrais vous dire combien est grande ma reconnaissance. Vous ne sauriez croire combien
ma guérison m'est avantageuse pour mes affaires.

13 octobre.

Je vous ai écrit à mon arrivée à la maison, et je pense que vous
avez reçu ma lettre. Je parle très-couramment, et depuis mon retour
il ne m'est pas arrivé une fois de bégayer; je suis tout-à-fait maître
de ma langue.

N°. IV.

Berkshire, le 4 septembre.

Les heureux effets de vos soins seront durables chez moi, selon
toute apparence, et ma langue, qui est demeurée enchaînée pendant
dix-sept ans, a repris pour toujours l'exercice de ses fonctions.

Nous avons eu ici une nombreuse réunion, et tout le monde a
été extrêmement surpris de m'entendre parler si couramment. Le
colonel N... se propose d'informer R... de ma cure, afin qu'il puisse
profiter de vos merveilleuses instructions.

18 décembre.

Je continue de bien parler, et même mieux que lorsque je vous
ai écrit en dernier lieu.

Nº. V.

J'avais tant de peine à articuler avant d'aller chez M. Broster, qu'il m'arriva deux fois à l'école de ne pouvoir continuer de lire ma leçon. Je vins le trouver le 1ᵉʳ septembre, et dès le lendemain je fus guéri. Depuis ce temps j'ai continué d'éprouver le salutaire effet de ses instructions, et je crois qu'elles n'exigent que d'être mises en pratique pour rendre un élève capable de s'exprimer dans toutes les occasions avec la même aisance que ceux qui n'ont jamais eu aucun embarras de la parole. 12 octobre 1824.

Nº. VI.

Je vous annonce avec plaisir que j'ai recouvré l'entier usage de la parole.

Nº. VII.

C'est avec une inexprimable satisfaction que je vous annonce qu'après avoir passé quelque temps chez M. Broster, j'ai éprouvé les plus heureux effets de ses soins et de ses instructions. Mon cas avait toujours été regardé comme désespéré, et j'avais essayé pendant deux ans différents remèdes sans en avoir éprouvé le moindre soulagement.

1825.

SECONDE ANNÉE DE L'INSTITUTION.

Nº. VIII.

Je suis heureux de pouvoir vous annoncer que, grâce aux instructions de M. Broster, je suis maintenant en pleine possession de l'usage de la parole, et que mon infirmité a totalement disparu.

N°. IX.

Rosemont, Perth, le 31 janvier.

J'ai commencé à recevoir les instructions de M. Broster le mardi 26 janvier, et, en moins d'un heure, je me suis trouvé pleinement maître de ma langue, et cet état a continué jusqu'à présent. J'en aurai pour M. Broster une reconnaissance éternelle.

N°. X.

Collège d'Éton, le 24 avril.

Je suis arrivé chez M. Broster le 2 avril, et je le quitte aujourd'hui parfaitement guéri; je ne saurais donner assez de louanges à son importante découverte. Je me trouve maintenant en état de parler devant quelque assemblée que ce soit sans éprouver la moindre gêne. Si jamais il m'arrivait une rechute, je sais le moyen de me guérir.

N°. XI.

Guernesey, le 20 mai.

J'ai trouvé votre méthode aussi efficace que jamais, et j'ai continué d'en éprouver les bons effets jusqu'à ce jour. Il est vrai que j'ai trouvé quelques légères difficultés à la pratiquer, mais elles disparaissent graduellement. Mes parents sont extrêmement satisfaits et très-reconnaissants de ce que, avec l'aide de la divine Providence, vous avez fait pour moi; je n'ai pas besoin d'ajouter combien j'en ressens moi-même de gratitude. J'ai été accablé d'affaires, tant publiques que particulières, et, grâce à votre méthode, je m'en suis fort bien tiré en français comme en anglais.

N°. XII.

Forfar en Écosse, le 25 mai.

Je suis venu avec un embarras de langue et une mauvaise articulation, et je m'en retourne parfaitement guéri.

N°. XIII.

Bath, le 26 mai.

Je suis arrivé chez M. Broster le jeudi 5 du courant; le vendredi j'ai reçu ma première leçon, après quoi j'ai été complétement guéri, et je pars pleinement assuré que je ne retomberai jamais dans mon ancien défaut.

N°. XIV.

Trois semaines se sont écoulées depuis que mon fils est revenu, et c'est avec autant de gratitude que de plaisir que je vous annonce que vous avez complétement fait disparaître l'infirmité dont il était affligé. Je vous assure que le changement qui s'est opéré dans la manière de parler du pauvre garçon a excité l'admiration et l'étonnement de tous nos amis, et ses parents ne sauront jamais vous en témoigner assez de reconnaissance.

N . XV.

Je suis convaincu qu'en me conformant aux instructions de M. Broster, et en pratiquant sa méthode, je me trouverai entièrement délivré de tout embarras de la parole.

N°. XVI.

Les premiers jours qui suivirent mon retour à la maison, j'éprouvai quelques mouvements nerveux, mais pas assez forts pour m'occasioner aucun bégaiement. Bientôt ils cessèrent de se manifester; je me trouve très-bien, et je crois que ma cure est complète. Je ne saurais trouver de termes pour vous exprimer ma reconnaissance.

N°. XVII.

Je vais vous faire un court récit de mon voyage, et je commencerai par vous annoncer que je n'ai éprouvé aucune difficulté à parler, et que j'ai continué à articuler d'une façon surprenante.

En débarquant ici, j'ai été accueilli avec empressement par tous mes parents, amis et connaissances. Tout le monde a été étonné du changement qui s'est opéré dans ma manière de parler, et m'a félicité sur mon heureuse guérison.

Hier je fus invité à une soirée avec mes parents. Comme je devais m'y attendre, on m'interrogea de droite et de gauche par curiosité, et pour voir si l'on me ferait bégayer. Je racontai les particularités de mon voyage, et ce récit dura plus de vingt minutes. Dans cette circonstance, ma méthode triompha d'une manière glorieuse; je ne

bégayai pas une seule fois ! Tous mes auditeurs en furent confondus.
« Certes, s'écrièrent-ils, c'est très-étonnant. Vous qui pouviez à
peine articuler un mot en petit comité, vous êtes maintenant capable
de plaider au barreau. » Voilà des nouvelles encourageantes pour
vous et pour moi.

N°. XVIII.

Swansey, Glamorganshire, le 12 juillet.

Après avoir reçu les instructions de M. Broster, je jouis maintenant pleinement de la faculté de parler dont j'avais été privé en
partie pendant bien des années. J'ai les plus grandes obligations à
cet homme habile, et je lui en adresse mes sincères remerciements.

N°. XIX.

Manchester, le 24 juillet.

Après avoir passé une quinzaine chez M. Broster, je me trouve
parfaitement guéri du malheureux embarras de parole dont j'étais
affligé, et j'ai la confiance que je possède le pouvoir de prévenir
une rechute.

N°. XX.

Cléments Inn, à Londres, le 3 août.

J'éprouve une satisfaction bien réelle à certifier que j'ai éprouvé
un grand soulagement, grâce aux soins que M. Broster a pris pour
me guérir de mon infirmité, et je me flatte qu'il me suffira de suivre
avec attention la méthode de M. Broster pour obtenir une cure
complète et permanente.

N°. XXI.

Gower, Glamorganshire, le 26 août.

J'ai le plaisir de vous annoncer que je suis arrivé ici. J'ai passé
quatre ou cinq semaines à m'assurer si ma cure était réelle ou non,
et j'ai maintenant la satisfaction (qui, je ne doute point, en sera
également une pour vous) de vous dire que je me suis trouvé pendant ce temps à même de remplir mes devoirs de prédicateur avec
une aisance presque parfaite et très-peu de fatigue. Ainsi mon
voyage à Édimbourg m'aura été extrêmement avantageux.

N°. XXII.

Penrith, le 6 septembre.

Je déclare par le présent que je suis pleinement satisfait du
soulagement que m'a procuré la méthode de M. Broster, et je ne

voudrais pas renoncer au pouvoir de la parole que j'en ai reçu pour dix fois ce que j'ai dépensé.

N°. XXIII.

Westport en Irlande, le 31 octobre.

Permettez que je vous félicite de bon cœur, ainsi que je me félicite moi-même, du changement étonnant que vous avez opéré dans ma manière de parler, et que je vous adresse mes sincères remerciements de m'avoir mis en état de m'exprimer comme je le fais. Si je ne vous ai pas écrit plus tôt, c'est que je voulais attendre que je fusse tout-à-fait exercé à la pratique de votre méthode, et voir si dans l'espace d'un certain temps je ferais quelque faute d'articulation en parlant. Il y a maintenant trois mois que j'ai quitté votre maison, et comme je n'ai point trébuché une seule fois, je suis tout-à-fait assuré que votre méthode est efficace pour remédier aux embarras de la parole. Mes parents et mes amis sont émerveillés de m'entendre parler avec tant de volubilité et sans bégayer. Ils sont ravis que j'aie fait le voyage d'Édimbourg, et je m'en applaudirai toute ma vie.

N°. XXIV.

Holles Street, à Dublin, le 6 septembre.

J'ai obtenu des instructions de M. Broster un soulagement qui a pleinement rempli mon attente, et je n'ai nul doute de l'efficacité de sa méthode pour les cas semblables au mien.

N°. XXV.

Ashton en Wiltshire, le 20 octobre.

Je suis venu chez M. Broster le 20 octobre, et, avant d'avoir passé une demi-heure avec lui, j'étais parfaitement guéri d'un embarras de langue très-désagréable.

N°. XXVI.

Oxford, le 26 décembre.

Vous avez dû me croire un être bien ingrat de ne vous avoir pas écrit plus tôt pour vous remercier du grand et durable bienfait que vous m'avez accordé à l'aide de votre admirable méthode. La vérité est que j'ai pensé qu'il serait plus satisfaisant pour vous et plus agréable pour moi de différer à vous donner de mes nouvelles jusqu'après mon retour au pays.

Si j'étais regardé comme un prodige en Écosse, je ne sais pas ce qu'on pense de moi ici , car depuis une semaine que je suis de retour, j'ai parlé sans cesse et à quantité de personnes de divers caractères, toutes curieuses de connaître le résultat de vos soins , et parmi lesquelles plusieurs cherchaient malicieusement à découvrir quelques restes de mon ancienne infirmité. Je les ai glorieusement déçues, car, ni en lisant , ni en parlant, je n'ai pas hésité une seule fois. Le fait est que je crois presque qu'il était impossible que cela arrivât.

1826.

TROISIÈME ANNÉE DE L'INSTITUTION.

N°. XXVII.

Oxford , le 24 janvier.

Je suis arrivé ici depuis samedi , et j'ai rendu visite aux différentes autorités. Tout le monde est émerveillé de la cure étonnante que vous avez opérée. Avant de quitter le comté d'York , j'ai fait trois dimanches de suite les deux lectures devant un nombreux auditoire sans éprouver le moindre embarras. Maintenant je serai ordonné aussitôt qu'il y aura une ordination. J'ai écrit à tous mes amis pour leur faire part de mon triomphe ou plutôt du vôtre.

N°. XXVIII.

Penrith , le 30 janvier.

La cure complète de N... continue à fournir journellement à ses amis dans le nord un sujet d'étonnement et de félicitations. Vous pouvez ajouter pleinement foi à ce que je vous annonce, car je doutais tellement de la possibilité de le guérir que je traitais de folie jusqu'à l'espérance qu'il en avait conçue. Vous m'aviez si souvent dit que son infirmité datait du berceau, que je craignais que cette espérance déçue ne fît qu'aggraver ses regrets de se voir dans un état qui obscurcissait tous ses talents, et mettait son courage et sa patience à une dure épreuve. N... parle aujourd'hui lentement , distinctement, et d'un ton de voix très-agréable. Le son de cette voix produit sur mon oreille l'effet de la musique, et je l'entends mieux qu'aucune autre. Nous sommes parfaitement convaincus que votre méthode produit souvent un grand bien, et est toujours profitable. Dans le cas même où une longue pratique ne la lui rendrait pas habituelle, et où il aurait toujours à faire un effort de mémoire, du moins son état ne serait pas pire que celui d'une personne à vue basse qui est obligée d'appliquer un verre à son œil avant de regarder les objets.

N°. XXIX.

Oxford, le 2 février.

Ce que j'ai fait ce matin a considérablement ajouté à votre réputation si bien méritée. J'ai fait la lecture entière dans la cathédrale devant une nombreuse réunion, sans la plus petite faute ni la moindre hésitation, mais au contraire avec une voix plus forte et une articulation plus distincte. Je vais aller à ..... où je ne doute pas que je ne trouve beaucoup de personnes ayant le désir d'en apprendre davantage sur votre compte ; car vous avez fait beaucoup de sensation ici, et l'on ne doute plus de l'efficacité de votre méthode.

N°. XXX.

Oxford, le 20 février.

J'ai fait de nouveau hier matin à la chapelle la première partie de la lecture sans la moindre faute. Le professeur soutient que je lis mieux que tous les autres. Beaucoup de personnes se sont adressées à moi pour savoir à quelles conditions vous vous chargeriez d'enseigner à lire la liturgie, tant elles sont charmées de ma manière de lire, que j'attribue entièrement et uniquement à vos instructions. Je suis chargé aussi de vous demander ce que vous prendriez pour donner vos soins à des ecclésiastiques qui ont une voix faible et de mauvais poumons.

N°. XXXI.

Teddington, comté de Middlesex, le 18 février.

Je ne saurais trouver de termes assez forts pour vous exprimer ma reconnaissance de ce qu'en moins de trois semaines vous m'avez complétement guéri de ma malheureuse infirmité, et mis en état de parler couramment et sans gêne. Il y a une semaine que je suis de retour à la maison, et pendant tout ce temps j'ai lu haut à ma famille sans la moindre hésitation. En un mot, j'ai la confiance que j'oublierai bientôt que j'ai eu un embarras de la parole. Une chose dont je suis bien certain, au reste, c'est que s'il m'arrive jamais d'hésiter de nouveau en parlant ce sera ma faute, et que si mon ancienne infirmité me revenait, je possède un talisman pour la vaincre à l'instant même.

N°. XXXII.

Collège de la Trinité, à Cambridge, le 28 février.

Vous m'avez peut-être déjà accusé de mettre du retard à vous écrire; mais j'ai pensé qu'il valait mieux attendre que je pusse vous apprendre comment je m'étais trouvé à .... et à .... L'expérience que j'ai faite de mes facultés oratoires dans ces deux endroits a été très-satisfaisante, et je pense que je continuerai d'aller de mieux en mieux. Je parle le plus ordinairement avec aisance et volubilité. Il m'arrive de temps à autre d'hésiter un moment; mais rarement cela vaut la peine d'y prendre garde. La précipitation et l'inadvertance peuvent quelquefois me faire faillir, mais je suis si confiant dans mon pouvoir de parler, que si j'étais appelé à discourir sur un sujet quelconque en public ou en particulier, je ne craindrais point, dans le cas où je posséderais bien ma matière, d'hésiter le moins du monde en parlant. Tous mes amis sont étonnés de me voir si bien guéri.

N°. XXXIII.

Cheltenham, le 26 février.

J'ai le plaisir de vous annoncer que je continue de parler très-couramment, et je ne puis vous remercier assez du soulagement que j'ai reçu pendant mon court séjour auprès de vous.

N°. XXXIV.

Bath, le 10 mars.

Mon fils est revenu ici lundi dernier. J'ai éprouvé beaucoup de satisfaction en voyant combien vos soins l'avaient changé. Je crois que s'il continue à suivre vos instructions, il surmontera entièrement l'obstacle qui l'empêche de bien parler. Vous lui avez certainement enseigné une excellente manière de gouverner sa voix. Tout ce qu'il lui faut maintenant, il me semble, c'est de la persévérance jusqu'à ce que l'habitude lui ait rendu aisé ce qui aujourd'hui, faute d'une pratique suffisante, lui paraît difficile.

N°. XXXV.

Cheltenham, le 14 mars.

J'ai très-souvent songé à vous écrire pour vous remercier de la cure merveilleuse que vous avez opérée sur mon fils. J'étais à Bruxelles avec une partie de ma famille, lorsqu'il vint nous y rejoindre accompagné de deux de ses frères qui étaient à la même école. Je fus très-satisfait de le trouver en état de lire et de converser.

Je l'avais décidé à se confier à vos soins, bien qu'il n'eût guère d'espérance qu'ils réussissent, parce que deux autres personnes avaient déjà entrepris de le guérir, et lui avaient procuré du soulagement pendant quelque temps; mais il n'avait rien obtenu de durable dans ce genre avant d'aller chez vous.

N°. XXXVI.

Chertsey, le 22 mars.

Je ne vous ai pas écrit plus tôt, parce que je voulais avoir passé quelques jours ici avant de le faire. J'ai certainement obtenu le plus grand soulagement durant le mois où je suis resté chez vous. J'en ai même éprouvé beaucoup plus que je ne l'aurais jamais pensé; car jusqu'au moment où j'ai pu me convaincre de l'efficacité de votre méthode, j'ai été un grand incrédule. Depuis que je suis de retour, je reçois journellement des félicitations de mes amis sur le changement extraordinaire qui s'est opéré dans ma manière de parler.

N°. XXXVII.

Guernesey, le 14 avril.

Je soussigné déclare avec beaucoup de plaisir que je suis fermement convaincu de l'efficacité de la méthode de M. Broster. Il m'a guéri d'un embarras de langue très-désagréable dont j'étais affligé depuis mon enfance. J'ai résidé un mois chez M. Broster, plutôt pour me rompre à la pratique de sa méthode que par nécessité. En effet, je m'étais trouvé presque complétement guéri aussitôt après la première leçon.

★★★★.

N°. XXXVIII.

Cambridge, le 6 juillet.

Je vous dois beaucoup de remerciements, et je rends grâces à Dieu d'avoir été à même de profiter de vos admirables instructions.

N°. XXXIX.

Agréez, monsieur, mes vifs et sincères remerciements pour le grand
bienfait que j'ai reçu de vous, et les attentions délicates dont j'ai été
l'objet pendant mon séjour dans votre maison.

N°. XL.

Devizes, le 15 août.

J'ai le plaisir de vous annoncer que mon embarras de langue a
disparu, et je suis persuadé qu'il suffit que j'apporte toute mon attention à pratiquer ce que vous m'avez enseigné, pour rendre ma
guérison complète. Mes parents sont extrêmement satisfaits du changement qui s'est opéré en moi, et vous offrent, conjointement avec
les miens, leurs sincères remerciements des attentions bienveillantes
dont vous m'avez comblé pendant la quinzaine que j'ai passée chez
vous.

N°. XLI.

Monsieur, je prends la liberté de vous adresser l'exposé ci-des-
sous.

Londres, juillet 1826.

Je me suis rendu chez M. Broster. Il n'y avait pas quinze minutes
que j'avais commencé à recevoir ses instructions que je me suis
trouvé en état de parler à quatre élèves qui étaient dans la maison.
Avant d'aller chez M. Broster, je parlais si mal que j'étais presque
muet. Je passais généralement dix minutes, et quelquefois plus, dans
de pénibles et vains efforts, avant de pouvoir dire un mot à quelqu'un, particulièrement à des étrangers. Je vins rendre visite à
M. Broster le soir du vendredi qui précéda le jour où je me livrai à
ses soins. Il était alors avec M. W., de Sloane Street. Ce dernier me
vit presque muet, et dit qu'il n'avait de sa vie rien éprouvé qui lui
causât tant de peine que de m'entendre parler. Le vendredi suivant,
grâce à Dieu, je fus en état de rendre un message à M. W. aussi
clairement qu'eût pu le faire toute autre personne. Quand je revins
auprès de mes parents, ils furent frappés d'étonnement de m'entendre parler si bien; ils dirent que l'homme qui m'avait guéri faisait
parler les muets. Ma mère remercia le Seigneur de la grâce qu'il
m'avait faite par le moyen de la méthode de M. Broster.

N°. XLII.

Il n'y a pas de paroles qui puissent exprimer la joie et la reconnaissance que j'éprouve d'avoir recouvré presque instantanément la parole à l'aide de la méthode de M. Broster. Je suis entré chez lui le lundi 21 août. Je signifie aujourd'hui jeudi mon intention de quitter sa maison samedi prochain. Quand je me rappelle que j'ai bégayé, je suis tenté de croire que c'est un songe. J'aurai toujours beaucoup de plaisir à répondre aux désirs de M. Broster, toutes les fois qu'il jugera à propos d'invoquer mon témoignage.

J. W.

N°. XLIII.

Je suis arrivé chez M. Broster le 22 août, le lendemain de l'entrée de M... de Corfe Castle; nous le quittons tous deux samedi prochain, après cinq ou six jours de résidence dans sa maison. Nous avons recouvré le don de la parole, et aucun événement ne pourra nous en priver de nouveau désormais que la perte de la mémoire ou de la raison. Tant que je conserverai mes facultés intellectuelles, je conserverai autant d'admiration que de reconnaissance pour M. Broster et sa découverte. Je me ferai un devoir de rendre témoignage de l'excellence de cette découverte dans toutes les occasions où on le réclamera.

F. B.

N°. XLIV.

J'ai le plus grand plaisir à vous annoncer combien je suis satisfait et reconnaissant du soulagement que vous avez procuré à mon fils pendant le court espace de temps qu'il est demeuré sous votre habile direction ; son embarras de langue a tout-à-fait disparu, et il paraît posséder une baguette magique par le pouvoir de laquelle il triomphe de ses vieilles habitudes. Son articulation se perfectionne chaque jour.

Mon fils ne cesse de parler dans les termes les plus affectueux de vous et de miss Broster; il ne tarit pas sur les attentions dont vous l'avez comblé pendant son séjour chez vous. Il se joint à moi pour vous en remercier bien sincèrement.

N°. XLV.

J'éprouve un plaisir singulier à vous témoigner mes vifs et sincères remerciements de l'avantage essentiel que j'ai retiré de votre admirable méthode. La cure du malheureux embarras de parole dont j'étais affligé a fait naître dans mon cœur un sentiment de gratitude aussi profond que possible. Le bonheur de posséder une articulation claire et distincte ne peut être bien apprécié que par ceux qui en ont éprouvé la privation. Je suis donc (conjointement avec ceux qui ont eu l'avantage de recevoir vos savantes instructions) plus en état que personne de payer le tribut d'éloges auquel vos nobles travaux vous donnent de si justes droits. Je vous prie d'agréer mes vœux bien ardents, non seulement pour votre bonheur personnel, mais encore pour que l'on connaisse les incalculables bienfaits dont vous êtes en état de faire jouir une si grande portion du genre humain.

N°. XLVI.

Je serais extrêmement ingrat si je ne témoignais pas combien je vous ai d'obligations, à vous et à votre sœur, pour toutes les attentions dont ma fille a été l'objet pendant sa résidence avec vous, et si je ne vous exprimais en même temps ma reconnaissance de ce que vous l'avez débarrassée de ce qui troublait le plus son bonheur dans le monde. Il n'appartient d'apprécier la valeur du service que vous lui avez rendu qu'aux personnes qui avaient été témoins de ce qu'elle éprouvait lorsqu'elle était obligée de se trouver dans la société d'étrangers, je dirai même au sein de sa propre famille. Dans ces derniers temps elle évitait, autant que possible, de se trouver en compagnie; elle quittait précipitamment le salon chaque fois que l'on annonçait quelqu'un. Pour moi, connaissant la peine qu'elle ressentait lorsqu'on lui adressait la parole, je répondais pour elle, aussi souvent que je le pouvais, ce qui lui donnait un air de taciturnité et de froideur qui n'étaient nullement dans son caractère. La facilité avec laquelle elle lit maintenant à haute voix est tout-à-fait étonnante; car depuis plusieurs années elle ne le faisait qu'avec une extrême difficulté, et depuis environ deux ans elle y avait entièrement renoncé. Cette malheureuse circonstance a beaucoup retardé son éducation, particulièrement l'étude des langues. Dieu merci, par l'effet de votre admirable méthode, tous les obstacles sont levés maintenant, et elle a repris, avec un goût tout-à-fait nouveau, ses études, qui avaient été si long-temps négligées. Je regarderai comme un devoir de faire connaître partout la cure merveilleuse que vous avez opérée sur mon enfant. Je me ferai aussi un plaisir de m'efforcer de convaincre de l'excellence de votre méthode les personnes qui, en ayant essayé d'autres sans succès, seraient prévenues contre elle. S'il arrivait que vous ou votre sœur vinssiez visiter Devon, j'espère que vous nous honoreriez de votre compagnie. J'aurai la plus grande satisfaction à pouvoir vous exprimer de vive voix combien je vous suis obligé.

N°. XLVII.

5 octobre.

Quoique je ne vous aie pas écrit, je ne vous avais point oublié ; je suis ici, depuis le 1er juin, attaché à l'église de Saint....... Mes fonctions m'ont mis dans le cas de me convaincre qu'il n'y a rien à dire contre votre méthode, et qu'elle est parfaite. Pendant sept dimanches de suite, j'ai eu tout l'office sur les bras, sermons et prières, le matin et le soir. Dans aucun cas je n'ai éprouvé la moindre fatigue. Vous pouvez imaginer ce que j'ai éprouvé en allant dire l'office à. ...., ce qui m'est arrivé deux fois depuis que je suis ici. Combien fortement cela a rappelé à ma mémoire les moments agréables que j'y ai passés avec vous ! De quelque popularité que je jouisse à présent comme prédicateur (et l'on m'assure que mes auditeurs sont contents de moi), je l'attribue entièrement aux leçons que j'ai reçues de vous. Je serais ingrat si je ne le déclarais pas d'une manière positive. Si j'en puis juger d'après les informations que l'on prend journellement auprès de moi, votre réputation s'est considérablement étendue. Quant je reviendrai en Angleterre l'année prochaine, j'aurai beaucoup de plaisir à renouveler connaissance avec une personne à qui je dois tant. Je vois de temps en temps votre ancienne élève lady........, et je trouve qu'elle parle et lit aussi bien qu'aucune personne que j'aie jamais entendue de ma vie. J'ai fait, mon cher M. Broster, tout ce que j'ai pu ici et en beaucoup d'autres endroits (au moyen de mes nombreux amis et connaissances) pour vous établir la réputation que vous méritez si bien. Je ne montre ni orgueil ni fausse honte ; je confesse partout l'infirmité dont j'étais affligé, et je nomme avec reconnaissance la personne qui m'en a délivré.

Il s'est écoulé à peine deux ans depuis que M. Broster a commencé à mettre sa méthode en pratique à Édimbourg, et pendant ce temps plus de deux cents personnes de bonne famille ont été guéries par lui; toutes l'ont autorisé à invoquer, au besoin, leur témoignage. Lorsqu'il a échoué en partie, ce qui n'est pas arrivé six fois, les personnes qu'il n'avait pas guéries ne l'ont point attribué à l'imperfection de la méthode. Dans la majorité des cas, la cure a été opérée dans un très-court espace de temps; une plus longue pratique produit souvent un lecteur ou un orateur agréable. Les personnes qui se destinent à la chaire ou au barreau, et qui éprouvent de la gêne en parlant, qui articulent difficilement, qui grasseyent ou ont la voix faible, sont exercées dans un édifice public très-.......dont M. Broster a obtenu l'usage pour cet objet.

M. Broster a quitté dernièrement Édimbourg, et s'est établi à Londres, Cadogan Place, n°. 41. C'est à cette adresse qu'on doit lui écrire.

On peut se procurer la présente brochure, à Londres, chez MM. Longman et compagnie, Paternoster Row, n°. 39; Cawthorn, Cockspur Street, Charing Cross, n°. 24; à Édimbourg, chez M. Blackwood; à Dublin, chez M. Milliken; et à Paris, chez MM. A. et W. Galignani, rue Vivienne, n°. 18.